La Pandilla

1

Libro del Alumno

Mª Luisa Hortelano
Elena González

edelsa

GRUPO DIDASCALIA, S.A.
Plaza Ciudad de Salta, 3 - 28043 MADRID - (ESPAÑA)
TEL.: (34) 914.165.511 - (34) 915.106.710
FAX: (34) 914.165.411
e-mail: edelsa@edelsa.es
www.edelsa.es

Primera edición: 2004
Primera reimpresión: 2005
Segunda reimpresión: 2006
Tercera reimpresión: 2007
Cuarta reimpresión: 2008
Quinta reimpresión: 2009
Sexta reimpresión: 2010
Séptima reimpresión: 2011
Octava reimpresión: 2013
Novena reimpresión: 2013
Décima reimpresión: 2105
Undécima reimpresión: 2016
Impreso en España / *Printed in Spain*

© Edelsa Grupo Didascalia, S.A. Madrid, 2004.

Autoras: María Luisa Hortelano Ortega.
Elena González Hortelano.

Dirección y coordinación editorial: Departamento de Edición de Edelsa.
Diseño de cubierta: Departamento de Imagen de Edelsa.
Diseño y maquetación de interior: Dolors Albareda.
Ilustrador: Alberto Lozano Domínguez.

Imprenta: EGEDSA.

ISBN: 978-84-7711-931-9
ISBN Pack (Libro del Alumno + Cuaderno de Actividades): 978-84-7711-936-4
Depósito legal: B-35502-2011

Índice

 ESCUCHAR
 LEER
 ESCRIBIR
 OBSERVAR

 REPETIR
 SEÑALAR
 CANTAR
 JUGAR

 DIBUJAR
 TRABAJO MANUAL
 EN PAREJAS
 EN GRUPO

¿Cómo te llamas?

1.

Escucha y repite.

Yo me llamo Rubén.

Hola, yo soy Julia.

Ella es Ana.

Yo soy Elena. ¿Y tú?, ¿cómo te llamas?

Él se llama Chema.

¡Hola!
Yo soy...
Yo me llamo...
¿Y tú? ¿Cómo te llamas?
Él es...
Ella es...

Continúa en el Cuaderno de Actividades Página 4 Ejercicios 1, 2 y 3

La estrella eres tú

2.  **Haz una estrella.**

Necesitas cartulina  imperdible pinturas celo tijeras

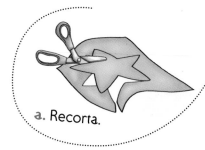 **a.** Recorta.

 **b.** Escribe.

 **c.** Pega.

 **d.**

(Yo) soy
(Tú) eres
(Él) es
(Ella) es

(Yo) me llamo
(Tú) te llamas
(Él) se llama
(Ella) se llama

Yo me llamo Rubén.

3.  **Pregunta a tus compañeros.**

Hola, yo soy Elena. Y tú, ¿cómo te llamas?

yo	tú	él	ella

 Continúa en el Cuaderno de Actividades Página 5 Ejercicios 4, 5 y 6

2 ¡Hola! y ¡Adiós!

1. Escucha y lee.

¡Hola!
¡Adiós!
¡Hasta luego!
Buenos días
Éste es...
Ésta es...

Continúa en el Cuaderno de Actividades Página 6 Ejercicios 1, 2 y 3

2. 🎲 El juego del "sí" o "no".

3. 🎲 El juego de "Amanda manda"...

niño-niña
chico-chica

sentarse

ponerse de pie

abrir el libro

señalar

cerrar el libro

Continúa en el Cuaderno de Actividades Página 7 Ejercicios 4 y 5

1. Escucha y repite.

Números

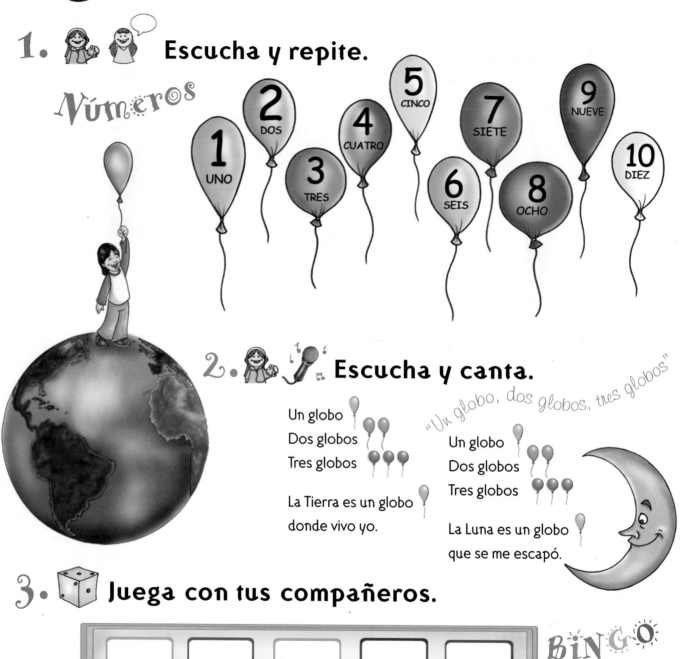

2. Escucha y canta.

"Un globo, dos globos, tres globos"

Un globo
Dos globos
Tres globos

La Tierra es un globo
donde vivo yo.

Un globo
Dos globos
Tres globos

La Luna es un globo
que se me escapó.

3. Juega con tus compañeros.

BINGO

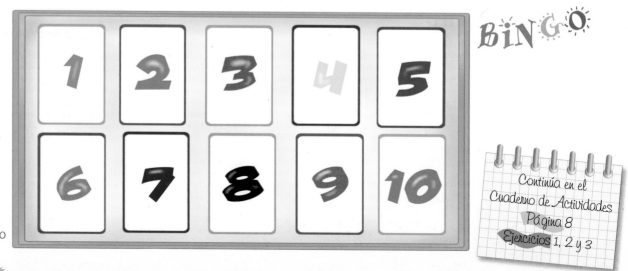

Continúa en el
Cuaderno de Actividades
Página 8
Ejercicios 1, 2 y 3

4.   **Escucha y señala.**

Tengo 7 años.

Tengo 9 años.

a

b

c

Tengo 9 años.

Me llamo Chema y tengo 8 años.
Elena también tiene 8 años.

d

5.  **Habla con tus compañeros.**

¿Cuántos años tienes?

¿Cuántos años tiene tu compañero?

Continúa en el Cuaderno de Actividades Página 9 Ejercicios 4, 5 y 6

(Yo) tengo
(Tú) tienes
(Él) tiene
(Ella) tiene

¿Cómo se escribe tu

1. 🎤 Escucha y canta. El abecedario

A a — avión
B be — burro
C ce — cartera
D de — dado
E e — elefante
F efe — faro
G ge — gato
H hache — huevo
I i — isla
J jota — jirafa
K ka — koala
L ele — lápiz
M eme — mesa
N ene — nube
Ñ eñe — niño
O o — oveja
P pe — pájaro
Q cu — queso
R erre — ratón
S ese — silla
T te — tijeras
U u — uvas
V uve — vaca
W uve doble — kiwi
X equis — taxi
Y i griega o ye — yoyó
Z zeta — zapato

Continúa en el Cuaderno de Actividades Página 10 Ejercicios 1, 2 y 3

 **2.** **Deletrea tu nombre.**

jota-u-ele-i-a

3. **Deletrea una de estas palabras a tu compañero.**

Estrella

Niña

Cartulina

Celo

Globo

Niño

Pinturas

Continúa en el
Cuaderno de Actividades
Página 11
Ejercicios 1 y 2

El ratoncito Pérez

1. Haz un ratón.

Necesitas → tijeras calcetín pegamento papel

a.
b.
c.
d.
e.

2. Lee y representa con tus compañeros. Utiliza el ratón del ejercicio anterior.

Hola. ¿Cómo te llamas?
Me llamo Cito. ¿Y tú?
Me llamo Roe.
a

¡Hola Cito!
¡Hola Roe!
¿Cuántos años tienes?
Tengo 6 años.
b

¡¡Mira!!
c

¡Es el Ratoncito Pérez!
¡¡Hola amigos!!
d

¡Qué divertido!
e

Adiós.
¡Hasta luego!
f

Mis documentos. Abrir carpetas

1. ¿Lo sabes? Repasa y señala.

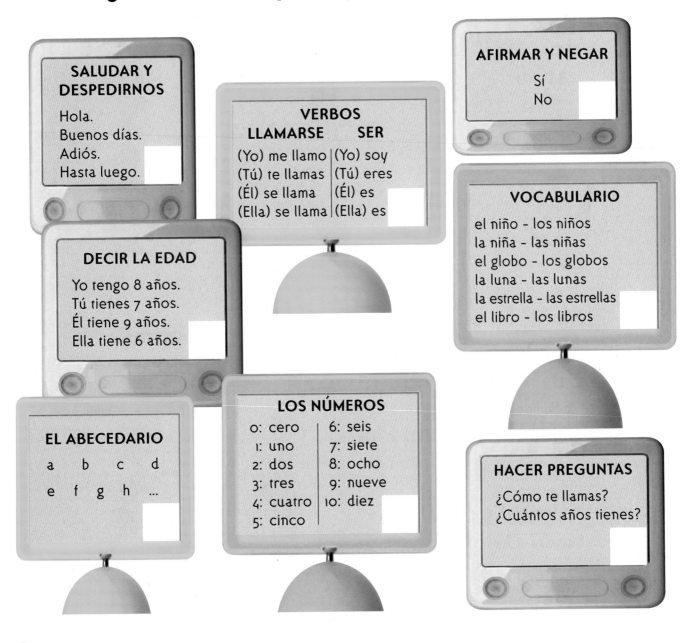

SALUDAR Y DESPEDIRNOS

Hola.
Buenos días.
Adiós.
Hasta luego.

VERBOS

LLAMARSE	SER
(Yo) me llamo	(Yo) soy
(Tú) te llamas	(Tú) eres
(Él) se llama	(Él) es
(Ella) se llama	(Ella) es

AFIRMAR Y NEGAR

Sí
No

VOCABULARIO

el niño - los niños
la niña - las niñas
el globo - los globos
la luna - las lunas
la estrella - las estrellas
el libro - los libros

DECIR LA EDAD

Yo tengo 8 años.
Tú tienes 7 años.
Él tiene 9 años.
Ella tiene 6 años.

EL ABECEDARIO

a b c d
e f g h ...

LOS NÚMEROS

0: cero		6: seis	
1: uno		7: siete	
2: dos		8: ocho	
3: tres		9: nueve	
4: cuatro		10: diez	
5: cinco			

HACER PREGUNTAS

¿Cómo te llamas?
¿Cuántos años tienes?

2. Me ha parecido...

Colorea

difícil

regular

fácil

5 Ésta es mi familia

la madre / mamá

el padre / papá

la abuela

1.   Escucha y lee.

el abuelo

La familia de Rubén

Ésta es mi familia. Mi madre se llama Laura y mi padre Ángel. Tengo dos hermanos: una chica y un chico. Mi hermana se llama Ana y tiene siete años. Mi hermano se llama Omar y tiene cinco años. Éste es mi abuelo y ésta es mi abuela.

la hermana

el hermano

Rubén

2.  Señala en la ilustración y pregunta a tu compañero.

a. ¿Quién es éste?

b. El padre de Rubén.

a. ¿Quién es ésta?

b. La madre de Rubén.

3. Habla con tu compañero.

- ¿Cómo se llama tu padre?

- ¿Cuántos hermanos tienes?

- ¿Cómo se llama tu abuela?

- ¿Cuántos años tiene tu hermana?

¿Cómo se llama tu madre?

Mi madre se llama Paula.

Mi El
Tu La

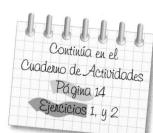 Continúa en el Cuaderno de Actividades Página 14 Ejercicios 1, y 2

4. **Escucha y lee.**

Éste es Roe . Roe tiene dos abuelas  y dos abuelos .

Éstos son sus padres . Éste es su padre y ésta es su madre 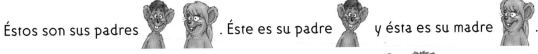 .

Roe tiene seis hermanos 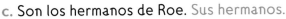 y nueve hermanas  .

5. **Lee y relaciona.**

a. Es el padre de Roe. Su padre.

b. Es la madre de Roe. Su madre.

c. Son los hermanos de Roe. Sus hermanos.

d. Son las hermanas de Roe. Sus hermanas.

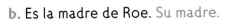

6. **Señala en las fotos y presenta a tu compañero la familia de Roe.**

Es el padre de Roe.

Su - Sus

Los
Las

Es
Son

Continúa en el
Cuaderno de Actividades
Página 15
Ejercicios 3 y 4

6 ¿Tienes una mascota?

1. Escucha, repite y señala.

rojo
marrón
negro
blanco
amarillo
azul
verde

2. Escucha y canta.

De colores

De colores, rojo, verde
marrón, amarillo
azul, blanco y negro.

Rojo, verde
marrón, amarillo,
azul, blanco y negro.

3. Escucha, canta y juega con tus compañeros.

La casa de "San Juan"

TODOS: ¡Ana come pan
en la casa de San Juan!

ANA: ¿Quién, yo?

TODOS: ¡Sí, tú!

ANA: Yo no soy.

TODOS: ¿Entonces, quién?

ANA: Elena.

TODOS: ¡Elena come pan
en la casa de San Juan!

Continúa en el Cuaderno de Actividades Página 16 Ejercicios 1, 2 y 3

4.  **Escucha y lee.**

Tengo una rana de colores que se llama Mira y una araña azul y negra que se llama Patas.

Éste es mi perro. Se llama Colega. Tiene cuatro años. Es marrón y blanco.

Mi ratón se llama Cito. Es marrón.

Mi gata se llama Zoa. Tiene dos años. Es blanca y negra.

Yo tengo una tortuga. Es verde, marrón y amarilla. Se llama Pancha.

5.  **Contesta a las siguientes preguntas.**

- ¿Cómo se llama la gata de Chema?
- ¿Cuántos años tiene?
- ¿De qué color es?
- ¿Cómo se llama la araña de Julia?
- ¿De qué color es el ratón de Rubén?

6.  **Escucha y repite.**

un perro   un gato   un ratón   una tortuga   una rana   una araña

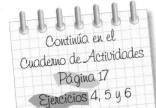
Continúa en el Cuaderno de Actividades Página 17 Ejercicios 4, 5 y 6

Un   Una

¿Es un gato?

1.  **Escucha y repite.** *Más números*

11 once

12 doce

13 trece

14 catorce

15 quince

2.  **Escucha y numera.**

un pato

una vaca

un burro

un cerdo

una gallina

un pollito

un conejo

una cabra

una oveja

un hámster

un caballo

un pez

un pájaro

Continúa en el
Cuaderno de Actividades
Página 18
Ejercicios 1, 2, 3 y 4

3.   Escucha y di su nombre.

¡Guau!

¡Miau!

4. Practica con tu compañero.

a. ¿Es una vaca?
b. No, no es una vaca. Es una oveja.

a. ¿Es una gallina?
b. Sí. Es una gallina.

a.

b.

c.

d.

Continúa en el
Cuaderno de Actividades
Página 19
Ejercicios 5 y 6

8 La granja de mi abuelo

1.  **Escucha y lee.**

Tengo una granja. En mi granja tengo vacas, cerdos, gallinas, patos y ovejas. También tengo un perro y un gato.

¡Miau!

¡Muuu!

¡Guau!

¡Beee!

¡Oink!

¡Cua!

Continúa en el Cuaderno de Actividades Página 20 Ejercicios 1, 2 y 3

2. Observa el dibujo y pregunta a tu compañero.

¿Cuántas vacas tiene el abuelo?

¿Cuántos patos tiene el abuelo?

3.   Escucha y canta.

El abuelo Juan tiene una granja,
iaiao.
Y en la granja tiene un perro,
iaiao.
El perro dice: ¡guau!
¿Qué dice el perro?
Dice: ¡guau!,
¡guau, guau, guau, guau, guau!

El abuelo Juan tiene una granja,
iaiao.
Y en la granja tiene un gato,
iaiao.
El gato dice: ¡miau!
¿Qué dice el gato?
Dice: ¡miau!,
¡miau, miau, miau, miau, miau!

La vaca - Las vacas
El cerdo - Los cerdos
El ratón - Los ratones
El pez - Los peces

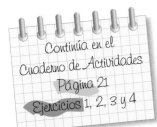

Continúa en el
Cuaderno de Actividades
Página 21
Ejercicios 1, 2, 3 y 4

Se abre el telón

Vamos a

1. Lee y representa con tus compañeros.

¡Hola Cito!

¡Hola Pérez!

¿Cuántos hermanos tienes?

a

b

Ésta es Zoa, Cito. Es mi amiga.
Y también es tu amiga.

Tengo doce hermanos y quince hermanas.

¡¡¡MIAUU!!!

d

e

c

¡Miau! ¡Hola Cito!

"Ho...ho... hola Zoa..."

f

2. Haz un álbum de fotos.

Necesitas

papel blanco   cartulina   papel de color   hilo y aguja   pinturas

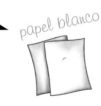   

a. Dobla la cartulina y las hojas de colores por la mitad.

MI FAMILIA

b. Cóselas y haz una portada.

c. Dibuja a tu familia y pégala.

Esta es mi madre. Se llama María y tiene 37 años.

Este es mi padre. Tiene 36 años. Se llama Andrés.

d. Escribe sobre tu familia.

1. ¿Lo sabes? Repasa y señala.

LA FAMILIA

la madre, el padre
mamá, papá
la hermana, el hermano
la abuela, el abuelo

GRAMÁTICA

el	la	un - una
los	las	
mi	mis	-s / -es
tu	tus	
su	sus	

PREGUNTAR POR LA FAMILIA Y LAS MASCOTAS

¿Cómo se llama tu padre?
¿Cómo se llama tu madre?
¿Cuántos hermanos tienes?
¿Cuántos años tiene tu perro?

LOS ANIMALES

un perro	una vaca	un conejo
un gato	un gato	un burro
un cerdo	un ratón	una araña
una gallina	un pájaro	una rana
una tortuga	un pollito	un pez

LOS NÚMEROS

11: once	14: catorce
12: doce	15: quince
13: trece	

LOS COLORES

rojo	azul
verde	blanco
marrón	negro
amarillo	

HABLAR DE LA FAMILIA Y LAS MASCOTAS

Mi perro es blanco y marrón.
El hermano de Rubén es Omar.
Es su hermano.
Mi gata se llama Zoa.
Tengo dos hermanos.
Mi hermana se llama Ana.

2. Me ha parecido...

Colorea

difícil

regular

fácil

9 ¿Qué hay en la clase?

1.

Escucha, repite y señala.

Mi clase

una ventana

una estanter[ía]

una profesora

un libro

una cartera

un estuche

un lápiz

un sacapuntas

2. **Habla con tu compañero.**

a. ¿Qué es esto?

b. Un lápiz.

a. ¿De qué color es el lápiz?

b. Amarillo y negro.

una silla

una mesa

una cartera

un lápiz

una goma

un bolígrafo

Continúa en el Cuaderno de Actividades Página 24 Ejercicios 1, y 2

una pizarra

una papelera

una tiza

una puerta

un ordenador

una silla

una pintura

un cuaderno

un bolígrafo

una goma

una regla

una mesa

Una	
cartera	
mesa	
profesora	

Un	
estuche	
bolígrafo	
profesor	

Unas	
mesas	
sillas	

Unos	
bolígrafos	
ordenadores	

Hay + un / una + ...

un libro   un sacapuntas

una regla

un cuaderno

una pintura

un estuche

3.  **Observa el dibujo y habla con tu compañero.**

a. ¿Hay una regla?

b. Sí. Hay una regla.

a. ¿Hay un lápiz?

b. No, no hay un lápiz.

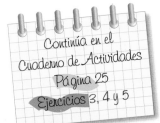
Continúa en el
Cuaderno de Actividades
Página 25
Ejercicios 3, 4 y 5

¿Cuántas sillas hay?

1.  **Escucha, repite y señala.**

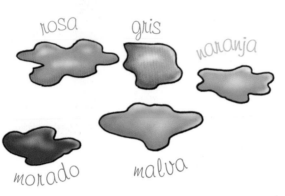

rosa gris naranja

morado malva

2. **Escucha y canta.** *De colores...*

De colores, rosa, malva,
naranja, morado,
gris, blanco y negro.

Rosa, malva,
naranja, morado,
naranja, morado,
gris, blanco y negro.

¿De qué color es tu...?

3. **Habla con tu compañero.**

estuche

regla

sacapuntas

silla

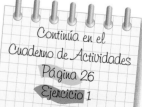

Continúa en el
Cuaderno de Actividades
Página 26
Ejercicio 1

4.  **Escucha y lee.**

¿Cuántos sacapuntas hay en el estuche?

¿Cuántas sillas hay en la clase?

Hay tres sillas.

Hay tres sacapuntas.

5. **Observa y juega con tus compañeros.**

a. ¿Cuántas pinturas rojas hay?

b. Hay dos pinturas rojas.

a. ¿Cuántos bolígrafos azules hay?

b. Hay seis bolígrafos azules.

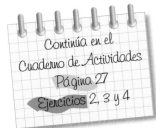
Continúa en el Cuaderno de Actividades
Página 27
Ejercicios 2, 3 y 4

11 ¿Dónde está?

1.   **Escucha y señala.**

¿Dónde está el lápiz?

 Está *encima de la mesa*.
Está *en la mesa*.

 Está *debajo de la silla*.

Está *dentro del estuche*.
Está *en el estuche*.

Está *al lado de la regla*.

2. **Habla con tu compañero.**

a. ¿Dónde está la cartera?

b. Está encima de la mesa.

a. ¿Dónde está la regla?

b. Está dentro del estuche.

De + el = del

Continúa en el Cuaderno de Actividades Página 28 Ejercicios 1, 2 y 3

3. Escucha y lee.

Hola Laura. ¿Está Ana en casa?

Sí, pasa.

¡Ana! ¡Es Chema! ¿Dónde estás?

Estoy aquí, en mi habitación. ¡Sube Chema!

4.

Canta y juega con tu profesor y tus compañeros.

"¡Estoy aquí!"
"¡Estoy aquí!"

PROFE: *Buenos días.*
TODOS: *Hola.*
PROFE: *¿Dónde está Ana?*
TODOS: *No lo sé.*
ANA: *¡¡ESTOY AQUÍ!!*
TODOS: *Es Ana.*
          ¡Hola Ana!
          Es Ana.
          Ana ya está aquí.
          Aquí, aquí.

(Yo) estoy
(Tú) estás
(Él) está
(Ella) está

Continúa en el Cuaderno de Actividades Página 29 Ejercicios 4 y 5

12 ¿Me dejas una pintura

1. Escucha y lee.

Sonia, ¿me dejas una pintura azul, por favor?

Sí, toma.

Gracias.

Y ¿me dejas un sacapuntas?

Lo siento, no tengo.

2. Practica con tu compañero un diálogo como el anterior. Utiliza los siguientes objetos.

3. Escucha y repite.

Más números

16 dieciséis

17 diecisiete

18 dieciocho

19 diecinueve

20 veinte

Continúa en el
Cuaderno de Actividades
Página 30
Ejercicios 1 y 2

4. Elige un estuche. Tu compañero tiene que adivinar cuál es.

a. ¿Tienes un pegamento amarillo?
b. No. / Sí.

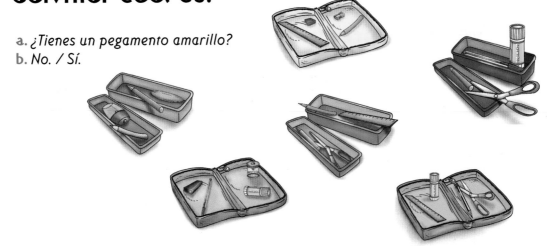

5. El juego de "Amanda manda"...

tocar

coger

dejar

ir

volver

andar

parar

Continúa en el
Cuaderno de Actividades
Página 31
Ejercicios 1 y 2

El preguntazo
Juego - Concurso

Vamos a

1. **Formad cuatro equipos.**

2. **Por turnos cada equipo escucha y contesta una pregunta.**

3. **Anotad un punto por cada acierto.**

¿Cuántos años tiene Julia?

¿Cómo se llama el perro de Elena?

¿Cuántos hermanos tiene Ana?

¿De qué color es Patas?

¿Quién es Mira?

¿Cuántos años tiene Chema?

¿Quién es Laura?

¿Cómo se llama el hermano de Rubén?

¿Cuántas hermanas tiene Roe?

¿Cómo se llama la mascota de Ana?

¿De qué color es Zoa?

¿Pancha es una rana?

¿Quién tiene una granja?

¿Qué animal dice Muuuuu?

¿Qué animal dice Beeeee?

Nombra siete animales.

Nombra siete cosas de clase.

¿Quién está en la clase de Rubén?

¿Ángel es el abuelo de Ana?

Amanda manda señalar una ventana.

Amanda manda cantar una canción.

¿Cuántos años tiene Colega?

¿Cuántas niñas hay en tu clase?

¿Cuántos niños hay en tu clase?

1. ¿Lo sabes? Repasa y señala.

MÁS COLORES

rosa	naranja
malva	morado
gris	

GRAMÁTICA

el - la - los - las

un - una - unos - unas

Plural: -s / -es

PREGUNTAR Y RESPONDER SOBRE EL NÚMERO Y EL COLOR

- ¿Cuántos niños hay?
• Hay veinte niños.

- ¿Cuántas pinturas tienes?
• Tengo doce pinturas.

- ¿De qué color es tu cartera?
• Mi cartera es azul.

DECIR QUÉ HAY

Hay cinco libros en la mesa.
Hay doce niños en la clase.

MÁS NÚMEROS

16: dieciséis	19: diecinueve
17: diecisiete	20: veinte
18: dieciocho	

VERBO ESTAR

(Yo) estoy

(Tú) estás

(Él/ella) está

LA CLASE

el lápiz	la cartera	la mesa	la silla
la goma	el sacapuntas	la pizarra	el papel
el libro	la puerta	el cuaderno	el bolígrafo
la regla	el rotulador	las tijeras	la pintura
la tiza	el pegamento	la papelera	la cartulina
el ordenador	el papel		

PREGUNTAR Y DECIR DÓNDE ESTÁ ALGO O ALGUIEN

- ¿Dónde está mi libro?

Encima de...	Al lado de...
Debajo de...	En...
Dentro de...	

- ¿Dónde estás?	- ¿Está Ana?
• Estoy aquí.	• Sí, pasa.

2. Me ha parecido...

Colorea

difícil

regular

fácil

13

¿Dónde está la

1.

**Escucha,
señala
y repite.**

**Mi
habitación**

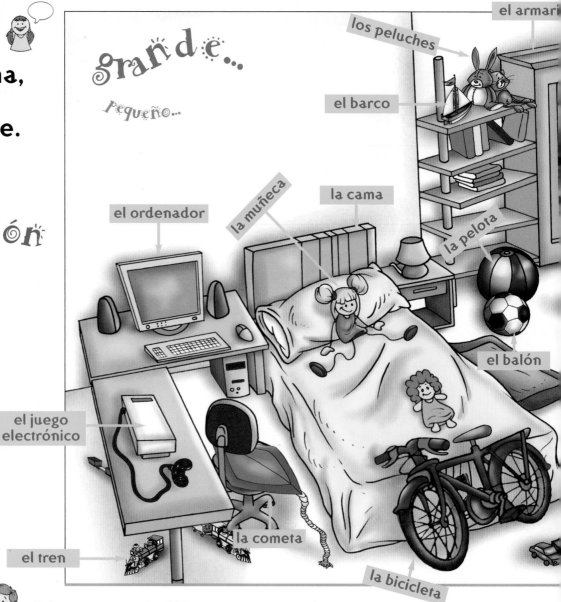

grande...

pequeño...

el armari

los peluches

el barco

la muñeca

la cama

la pelota

el ordenador

el juego
electrónico

el balón

el tren

la cometa

la bicicleta

2.  **Observa el dibujo y contesta
verdadero (v) o falso (f).**

	V	F
• Los coches están debajo de la cama.	☐	☐
• El barco está encima de la estantería.	☐	☐
• La bicicleta está al lado de la cama.	☐	☐
• El balón está al lado de la bicicleta.	☐	☐
• La pelota está debajo de la mesa.	☐	☐
• La raqueta está dentro de la caja de juguetes.	☐	☐
• El ordenador está encima de la mesa.	☐	☐

Continúa en el
Cuaderno de Actividades
Página 34
Ejercicios 1, y 2

el osito

la raqueta

los patines

el avión

el robot

los coches

La

muñec**a**

pelot**a**

comet**a**

Las

muñec**as**

pelot**as**

comet**as**

El

barc**o**

coche

tren

Los

barc**os**

coch**es**

tren**es**

Vocal + s
Consonante + es

3. **Practica con tus compañeros.**

a. ¿Dónde está el robot?
b. Está al lado de la caja.

a. ¿Dónde están los patines?
b. Están dentro de la caja.

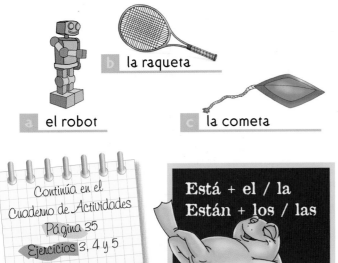

b. la raqueta

a. el robot

c. la cometa

d. el juego de mesa

e. las muñecas

f. los coches

g. el tren

h. los patines

Continúa en el Cuaderno de Actividades Página 35 Ejercicios 3, 4 y 5

Está + el / la
Están + los / las

12 ¿Cuándo es tu

1. Escucha y repite.

números, números...

20 veinte	25 veinticinco	30 treinta	35 treinta y cinco
21 veintiuno	26 veintiséis	31 treinta y uno	36 treinta y seis
22 veintidós	27 veintisiete	32 treinta y dos	37 treinta y siete
23 veintitrés	28 veintiocho	33 treinta y tres	38 treinta y ocho
24 veinticuatro	29 veintinueve	34 treinta y cuatro	39 treinta y nueve

2. Escucha y repite.

Los días de la semana

lunes
martes
miércoles
jueves
viernes

sábado
domingo

3. Escucha y lee.

Los meses del año

enero
febrero
marzo
abril
mayo
junio
julio
agosto
septiembre
octubre
noviembre
diciembre

¿Qué día es hoy?
Hoy es lunes 6 de febrero.

Continúa en el Cuaderno de Actividades Página 36 Ejercicios 1, 2, 3 y 4

4.  **Lee.**

5. **Escucha y canta.**

6. **Pregunta a tus compañeros.**

a. ¿Cuándo es tu cumpleaños?

b. El 27 de noviembre.

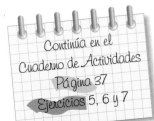

Continúa en el Cuaderno de Actividades Página 37 Ejercicios 5, 6 y 7

15 ¿Qué te gusta hacer en

1.  **Escucha y relaciona.**

¡Hola! En mi tiempo libre me gusta montar en bici y tocar la guitarra. También me gusta leer y jugar con el ordenador.

a

b

c

d

2. **Pregunta a tus compañeros.**

a. ¿Te gusta bailar?

• Sí, me gusta.
• Sí, me gusta mucho.

• No, no me gusta.
• No, no me gusta mucho.

• Bailar •

• Patinar •

• Nadar •

• Jugar al fútbol •

• Cantar •

• Dibujar •

• Ver la tele •

• Escuchar música •

• Ir al parque •

• Ir al cine •

• Leer •

• Montar en bici •

Me gusta
Te gusta
Le gusta

Continúa en el Cuaderno de Actividades Página 38 Ejercicios 1 y 2

3.   **Escucha y lee.**

¿Sabes silbar?

ff...

No, no sé.

4.  **Habla con tus compañeros.**

a. ¿Sabes hacer la cama?

b. • Sí.

c. • No, no sé.

•Hacer la cama•

•Silbar•

•Tocar el violín•

•Cocinar•

•Tocar la batería•

•Tocar la guitarra•

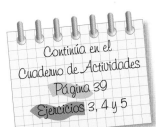

Continúa en el
Cuaderno de Actividades
Página 39
Ejercicios 3, 4 y 5

(Yo) sé
(Tú) sabes
(Él) sabe
(Ella) sabe

16 ¿Qué estás haciendo?

1. Escucha y lee.

Estoy escuchando música.

Estoy haciendo los deberes.

Estoy escribiendo una carta.

ESCUCHAR:	HACER:	ESCRIBIR:
escuchando	haciendo	escribiendo
-ar -ando	-er/ir -iendo	

2. Señala y practica con tu compañero.

a. ¿Está comiendo?

b. Sí, está comiendo.

a. ¿Está hablando?

b. No, no está hablando, está comiendo.

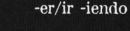

• comer •

• hablar •

• beber •

• dibujar •

• nadar •

• escribir •

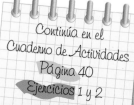
Continúa en el Cuaderno de Actividades Página 40 Ejercicios 1 y 2

3.  Observa y di las diferencias.

En A Rubén está bailando.
En B está viendo la televisión.
En A Julia...

BAILAR: bailando
TOCAR: tocando
CANTAR: cantando
VER: viendo
LEER: leyendo

(Yo) estoy
(Tú) estás   +   cantando
(Él) está   haciendo
(Ella) está   escribiendo

Continúa en el
Cuaderno de Actividades
Página 41
Ejercicio 1

Se abre el telón

Vamos a

1.  Lee y representa con tus compañeros.

¿Qué estás haciendo?

Estoy dibujando una tarjeta de cumpleaños.

¿Te gusta ir a fiestas de cumpleaños?

¡Sí, me gusta mucho!

¡Oh, gracias Ratoncito Pérez!

a

b

c

¡Oh! ¡No tengo regalo!

"Cito: tu regalo para Roe. Pérez"

d

e

f

¡¡Un queso!! ¡¡Mi regalo preferido!! Muchas gracias, Cito.

g

2. Haz una tarjeta de cumpleaños.

Necesitas

papel o cartulina

pinturas

lápiz

a. Dobla el papel.

b. Dibuja y escribe.

FELICIDADES

c. Escribe.

Para: Julia

De tu amigo: Chema

¡FELIZ CUMPLEAÑOS! que te lo pases muy bien.

Chema.

Mis documentos.
Abrir carpetas

1. ¿Lo sabes? Repasa y señala.

LOS DÍAS DE LA SEMANA

lunes	viernes
martes	sábado
miércoles	domingo
jueves	

VERBO SABER

(Yo) sé
(Tú) sabes
(Él/Ella) sabe

LAS ACCIONES

leer	jugar
dibujar	montar
cantar	ver
bailar	escuchar
patinar	ir
nadar	tocar
cocinar	hacer
silbar	escribir

PREGUNTAR Y DECIR FECHAS

- ¿Qué día es hoy?
- Hoy es lunes 5 de abril.
- ¿Cuándo es tu cumpleaños?
- El 12 de mayo.

LOS NÚMEROS

Del 21 (veintiuno)
al 39 (treinta y nueve)

LOS MESES DEL AÑO

enero - febrero - marzo - abril
mayo - junio - julio - agosto
septiembre - octubre
noviembre - diciembre

LOS JUGUETES

el balón	la bicicleta
la pelota	el coche
el osito	la cometa
el barco	el robot
el peluche	el juego electrónico
la muñeca	la raqueta
los patines	el tren

VERBO GUSTAR

Me gusta
Te gusta
Le gusta

HABLAR SOBRE LO QUE HACEMOS

- ¿Te gusta bailar?
- Sí, me gusta bailar.
- ¿Qué te gusta hacer en tu tiempo libre?
- Me gusta ir al cine.
- ¿Sabes cocinar?
- No, no sé cocinar.
- ¿Qué estás haciendo?
- Estoy viendo la tele.

2. Me ha parecido...

Colorea

difícil   regular   fácil

17 ¿Cómo soy?

Mi cuerpo

1. Escucha y señala.

la cabeza

los ojos
la nariz
el pelo
las orejas
el cuello
la boca
el brazo
los dientes
el codo
la mano
los dedos
la pierna
la rodilla
las patas
el pie

La cabeza | El dedo
La pierna | El pie
... | ...

La mano
La nariz

2. Escucha a tu profesor y señala.

La nariz.

Continúa en el Cuaderno de Actividades Página 44 Ejercicios 1 y 2

3.  **Juega con tus compañeros.**

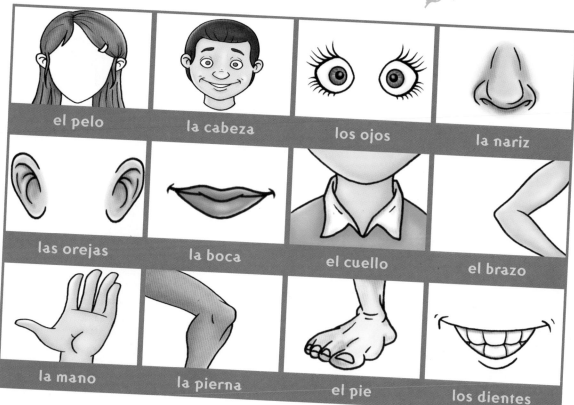

el pelo	la cabeza	los ojos	la nariz
las orejas	la boca	el cuello	el brazo
la mano	la pierna	el pie	los dientes

4. 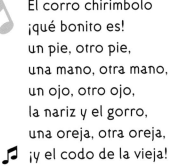 **Escucha y canta.**

El corro chirimbolo
¡qué bonito es!
un pie, otro pie,
una mano, otra mano,
un ojo, otro ojo,
la nariz y el gorro,
una oreja, otra oreja,
¡y el codo de la vieja!

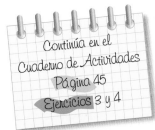
Continúa en el
Cuaderno de Actividades
Página 45
Ejercicios 3 y 4

¿Cómo eres?

1.  **Lee.**

Elena es alta y rubia. Tiene el pelo rizado y los ojos azules.

Julia es castaña. Tiene los ojos marrones y el pelo ondulado.

Ana es morena. Tiene el pelo largo y liso y los ojos negros.

2.  **Observa y lee.**

pelo

largo

rubio

moreno

castaño

corto

liso

rizado

ondulado

alto/alta

bajo/baja

gordo/gorda

delgado/delgada

joven/joven

viejo/vieja

3. Describe a tu compañero.

Es + alto, alta...

Tiene + los ojos azules...

Continúa en el Cuaderno de Actividades Página 46 Ejercicios 1, 2, 3 y 4

18

4. **Escucha y señala.**

Yo tengo las orejas grandes.

Yo soy moreno y delgado.

Yo tengo el pelo rizado.

Yo soy gordo.

Yo tengo las patas cortas y el cuello largo.

Yo soy viejo y tengo el pelo blanco.

5. **Describe un personaje a tu compañero.**
Él tiene que adivinar quién es.

Continúa en el Cuaderno de Actividades Página 47 Ejercicios 5, 6 y 7

Soy alegre

 1.   **Escucha y lee.**

Me llamo Buh. Soy un monstruo azul. Soy grande. Tengo dos piernas y dos brazos. Tengo dos orejas pequeñas y tres ojos verdes. Mi pelo es naranja. Soy alegre, cariñoso y vago.

Uh es mi hermana. Tiene una pierna y un pie. Tiene dos brazos, tres ojos y tres orejas. Su pelo es rosa. Es divertida, inteligente y estudiosa.

2. **Habla con tu compañero.**

- ¿De qué color es Buh?
- ¿Buh tiene las orejas grandes?
- ¿Cuántos brazos tiene Uh?
- ¿Cuántas piernas tiene Buh?

3. **Escucha y repite.**

alegre

cariñoso

vago

divertida

inteligente

estudiosa

Es + cariñoso...

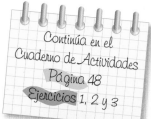
Continúa en el Cuaderno de Actividades Página 48 Ejercicios 1, 2 y 3

19

4.  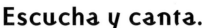 Escucha y canta.

Pongo esta mano
en mi cabeza
y esta otra mano
en tu cabeza.

Que lo baile, que lo baile,
que lo baile, que lo baile,
que lo baile, que lo baile,
que lo quiero ver bailar.

Pongo esta mano
en mi oreja
y esta otra mano
en tu oreja.

Que lo baile, que lo baile,
que lo baile, que lo baile,
que lo baile, que lo baile,
que lo quiero ver bailar.

5. El juego de "Amanda manda"...

Continúa en el
Cuaderno de Actividades
Página 49
Ejercicios 4 y 5

20 ¿Qué hora es?

1.  **Escucha y repite.**

40 cuarenta

50 cincuenta

60 sesenta

70 setenta

80 ochenta

90 noventa

2. **Lee y observa.** ¿Qué hora es?

 Son las cuatro.

 Son las diez.

en punto

 Es la una.

 Son las tres y media.

 Son las nueve y media.

y media

3. **Mira el reloj de tu profesor y contesta.**

¿Qué hora es?

Son las dos y media.

Continúa en el Cuaderno de Actividades Página 50 Ejercicios 1, 2 y 3

4. Escucha y numera.

Por la mañana

Son las ocho.
¡Buenos días!

Son las ocho y media.
Estoy desayunando.

Son las nueve y media.
Estoy en el colegio.

Por la tarde

Es la una.
Estoy comiendo.

Son las cinco.
Estoy haciendo los
deberes.

Son las siete.
Estoy viendo la tele.

Por la noche

Son las ocho y media.
Estoy cenando.

Son las nueve.
Estoy leyendo.

Son las diez.
¡Buenas noches!

Continúa en el Cuaderno de Actividades Página 51 Ejercicios 1, 2 y 3

Buenos días
Buenas tardes
Buenas noches

DESAYUNAR: desayunando
COMER: comiendo
CENAR: cenando

Vamos a

1.  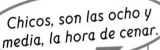 **Lee y representa con tus compañeros.**

El diente de Ana

Chicos, son las ocho y media, la hora de cenar.

¡Mi diente!

¡Qué suerte! Esta noche el Ratoncito Pérez.

Buenas noches.

Deja el diente al Ratoncito Pérez aquí debajo.

a

b

c

d

¡Buenos días!

¡Mira, mamá! Me gusta mucho.

e

Tiene un diente nuevo.

f

¡Es mi diente!

g

1. ¿Lo sabes? Repasa y señala.

DECIR CÓMO TENEMOS EL PELO

liso	rubio	largo
rizado	moreno	corto
ondulado	castaño	

LOS SALUDOS

Buenos días.
Buenas tardes.
Buenas noches.

LAS PARTES DEL DÍA

la mañana
la tarde
la noche

PREGUNTAR CÓMO SOMOS

¿Eres alto?
¿Eres estudioso?
¿De qué color tienes los ojos?
¿Cómo tienes el pelo?

LOS NÚMEROS

Del 40 (cuarenta)
al 99 (noventa
y nueve)

PREGUNTAR Y DECIR LA HORA

¿Qué hora es?
• Es la una.
• Es la una y media.
• Son la ocho.
• Son las ocho y media.

DECIR CÓMO SOMOS

alto/a	cariñoso/a
bajo/a	divertido/a
vago/a	estudioso/a
gordo/a	joven
delgado/a	alegre
viejo/a	inteligente

VERBOS DE COMIDA

Desayunar: desayunando
Comer: comiendo
Cenar: cenando

LAS PARTES DEL CUERPO

la cabeza	los dientes	el cuello
el pelo	el brazo	el codo
los ojos	la mano	la rodilla
la nariz	la pierna	
la boca	el pie	
las orejas	los dedos	

2. Me ha parecido...

Colorea

difícil

regular

fácil

21 Mi camisa es blanca

Mi ropa

1.  **Escucha y lee.**

la falda

la camiseta

la camisa

el pantalón

los calcetines

¿Qué estás haciendo?

Estoy tendiendo la ropa.

la gorra

el gorro

2. **Pregunta a tu compañero.**

a. ¿De qué color es el pantalón?

b. El pantalón es azul.

a. ¿De qué color son los calcetines?

b. Los calcetines son amarillos.

Verde
Azul
Malva
Naranja

Amarillo - Amarilla
Morado - Morada
Blanco - Blanca
Rojo - Roja

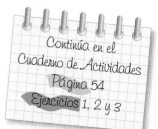

Continúa en el Cuaderno de Actividades Página 54 Ejercicios 1, 2 y 3

3.   **Escucha, repite y señala.**

a una gorra	**b** un gorro	**c** una bufanda	**d** una camisa	

h un pantalón

 **e** un jersey

 f una chaqueta

 g una falda

 **i** un pantalón vaquero

 j un pantalón corto

 **k** un abrigo

 l unos guantes

 m unos calcetines

 **n** un vestido

 ñ unas zapatillas

 o unos zapatos

 **p** un pijama

 q unas deportivas

 r unas botas

4.   **Señala una prenda y habla con tu compañero.**

a. ¿Qué es esto?

b. Es una falda.

a. ¿Qué es esto?

b. Son unos calcetines.

Es
Son

Continúa en el
Cuaderno de Actividades
Página 55
Ejercicios 4 y 5

22 ¿Qué llevas puesto?

1. Escucha y lee.

> Llevo puesto un pantalón marrón, una camisa blanca y un jersey rojo. Mis deportivas son también rojas.

> Ana lleva una camiseta verde, unos calcetines amarillos y unos zapatos verdes. ¡Ah! Y una gorra amarilla.

2. ¿Qué llevan Chema, Julia y Elena?

3. ¿Qué llevas tú? Díselo a tus compañeros.

- ¿Llevas pantalón o falda?
- ¿De qué color son tus zapatos?
- ¿Llevas jersey?
- ¿Llevas calcetines?

(Yo) llevo
(Tú) llevas
(Él) lleva
(Ella) lleva

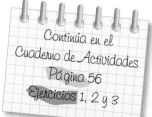
Continúa en el Cuaderno de Actividades Página 56 Ejercicios 1, 2 y 3

4. Escucha y lee.

Cuando hace calor, me pongo un pantalón corto y una camiseta.

Yo me pongo el bañador y me gusta ir a la piscina.

Cuando hace frío me pongo el abrigo, el gorro, la bufanda y los guantes. También me pongo calcetines gordos y botas.

5.   Contesta.

- ¿Qué se pone Elena cuando hace frío?
- ¿Qué se pone Julia cuando hace calor?
- ¿Y tú? ¿Qué te pones cuando hace frío?

Me pongo
Te pones
Se pone

Continúa en el Cuaderno de Actividades Página 57 Ejercicios 4, 5 y 6

23 Mi camiseta es de

1.  **Escucha y lee.**

Llevo una falda corta.

Llevo unos pantalones anchos.

Mi camiseta es de rayas.

a

b

c

2. Observa y lee.

grande

pequeño

largo

corto

ancho

estrecho

de rayas

de cuadros

3.  **Señala una prenda del ejercicio 2.**
Tu compañero la tiene que describir.

• Es una falda larga.

• Es de color...

Es una falda larga, corta...

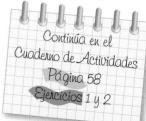

Continúa en el Cuaderno de Actividades Página 58 Ejercicios 1 y 2

4. **Te vas de vacaciones. Di a tu compañero lo que llevas en la maleta.**

5. **El juego del "Veo, veo".**

CHEMA: *¿Veo, veo?*

RUBÉN: *¿Qué ves?*

CHEMA: *Una cosita.*

ELENA: *¿Y qué cosita es?*

CHEMA: *Empieza por la c.*

JULIA: *Camiseta.*

CHEMA: *Sí.*

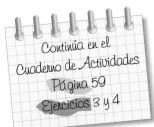
Continúa en el Cuaderno de Actividades Página 59 Ejercicios 3 y 4

24 ¿De quién es este

1. **Escucha y lee.**

¿De quién es este jersey?

Es mío.

¿Estos calcetines son tuyos?

Sí, y ésta es mi falda. La camisa es tuya.

Estos coches son míos.

2. **Observa y lee.**

Ésta es mi **camiseta**. Es mía.	Éstas son mis **camisetas**. Son mías.
Éste es mi **pantalón**. Es mío.	Éstos son mis **calcetines**. Son míos.
Ésta es tu **camisa**. Es tuya.	Éstas son tus **camisas**. Son tuyas.
Éste es tu **jersey**. Es tuyo.	Éstos son tus **zapatos**. Son tuyos.
Ésta es su **gorra**. Es suya.	Éstas son sus **deportivas**. Son suyas.
Éste es su **abrigo**. Es suyo.	Éstos son sus **guantes**. Son suyos.

¿De quién es esta bufanda?

3. **El juego de las prendas y los objetos.**

Es mía.

Continúa en el Cuaderno de Actividades Página 60 Ejercicios 1 y 2

4.  Lee y relaciona.

a Éste es mi

b Ésta es tu

c Éstos son sus

d Éstas son sus

1 Son suyas.

2 Es mío.

3 Es tuya.

4 Son suyos.

5. Escucha y canta.

Jugando al escondite
en el bosque anocheció. (Bis)

Y el cuco cantando
el miedo nos quitó. (Bis)
¡Cu cú, cu cú, cu cú!

¡¡Lobo!! ¿Estás ahí?
¡¡¡Estoy poniéndome los pantalones!!!

Continúa en el Cuaderno de Actividades Página 61 Ejercicio 1 y 2

El preguntazo
Juego - Concurso

Vamos a

1. Formad cuatro equipos.

2. Por turnos cada equipo escucha y contesta una pregunta.

3. Anotad un punto por cada acierto.

Nombra cinco juguetes.

Nombra cuatro muebles.

Di los días de la semana.

Di los meses del año.

¿Qué día es hoy?

¿Cuándo es el cumpleaños de Julia?

¿Qué te gusta hacer en tu tiempo libre?

¿Qué estás haciendo?

¿Qué le regaló Cito a Roe en su cumpleaños?

¿Cómo es tu profesor?

Nombra cinco partes del cuerpo.

¿Cómo se llama la hermana de Buh?

¿De qué color es Buh?

¿Cuántos brazos tiene Uh?

¿Cómo se saluda por la mañana?

¿Qué hora es?

Desayunar, comer y...

$25 + 47 =$

Di el nombre de cinco prendas de vestir.

¿Qué te pones en las manos?

¿Qué te pones en los pies?

¿Qué te pones en la cabeza?

¿Qué te pones cuando hace frío?

Canta una canción.

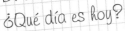

Mis documentos. Abrir carpetas

1. ¿Lo sabes? Repasa y señala.

DECIR DE QUIÉN ES ALGO

¿De quién es...?

mío/a	míos/a
tuyo/a	tuyos/a
suyo/a	suyos/a

DECIR LO QUE LLEVAMOS PUESTO

¿Qué llevas puesto?

IDENTIFICAR ALGO

Es un gorro.
Es una camisa.
Son unos zapatos.
Son unas botas.

LA ROPA

la gorra	el vaquero	la chaqueta
el gorro	la falda	los calcetines
la bufanda	el abrigo	las zapatillas
la camiseta	el vestido	los zapatos
la camisa	el jersey	las deportivas
el pantalón	el pijama	las botas

VERBO LLEVAR

(Yo) llevo
(Tú) llevas
(Él) lleva
(Ella) lleva

DECIR CÓMO ES LA ROPA

grande - pequeño/a
largo/a - corto/a
ancho/a - estrecho/a
de rayas - de cuadros

VERBO PONER

(Yo) me pongo
(Tú) te pones
(Él) se pone
(Ella) se pone

DECIR LO QUE NOS PONEMOS

¿Qué te pones?

Éste	Este jersey
Ésta	Esta falda
Éstos	Estos zapatos
Éstas	Estas botas

2. Me ha parecido...

Colorea

difícil

regular

fácil

Aquí están Ana, Rubén, Elena, Chema y Julia.